근황시

지성·감성의 메타언어
조선문학사시인선.1027

근황시(近況詩)

박 진 환 제566시집

조선문학사

■ 시인의 말

외톨이 삶은 남루와 동거하기 나름이다. 시린 옆구리하며, 하루의 8할을 침묵으로 보내야 하는 등 대자 관계에서 열외나 낙오를 체험하면서 살아야 하는 피투 존재일 수밖에 없게 된다.

자아확대력을 상실한 자아협소화며 노경이 체험해야 하는 단독자 의식이 수반하는 고독·허무·존재무 같은 절망 의식에서 자유롭지 못한 게 근황이 될 수밖에 없게 된다.

그러한 단독자 의식이 소환하는 고독이나 절망감, 또는 신명을 상실해버린 허무감 같은 것들에서 자유스럽지 못하다.

이러한 근황들을 그때그때 형상화해본 것이 『근황시(近況詩)』다. 그 때문에 근황시는 나름의 삶을 여과없이 표출하는 고백적 진술이 될 수밖에 없고 소이로 해서 팍팍하고 고달픈 노경의 심회를 드러낼 수밖에 없었다.

  때로는 자신에 대한 미움·연민 같은 것들이 끼어들기도 하고, 더러는 추한 노경의 현실을 고백하기도 하는 등, 한탄조의 심회 풀이 같기도 하고, 그러려니 하고 살아야 하는 숙명에의 순응 같기도 한 노경의 토로가 『근황시』란 것을 밝혀두고 싶다.

2025년 중추
저자

근황시(近況詩) 차례

시인의 말 / 5

제1부
근황시편

근황시편 · 1 / 13
근황시편 · 2 / 14
근황시편 · 3 / 16
근황시편 · 4 / 18
근황시편 · 5 / 20
근황시편 · 6 / 21
근황시편 · 7 / 22
근황시편 · 8 / 24
근황시편 · 9 / 26
근황시편 · 10 / 27
근황시편 · 11 / 28
근황시편 · 12 / 30
근황시편 · 13 / 32
근황시편 · 14 / 34
근황시편 · 15 / 35
근황시편 · 16 / 36
근황시편 · 17 / 38
근황시편 · 18 / 40
근황시편 · 19 / 42

근황시편 · 20 / 44
근황시편 · 21 / 45
근황시편 · 22 / 46
근황시편 · 23 / 48
근황시편 · 24 / 49
근황시편 · 25 / 50

제2부
기타 시편

그늘의 시 · 1 / 53
그늘의 시 · 2 / 54
반란 / 56
한가시편 / 58
안분자족(安分自足) / 60
무(無) / 62
하오의 시 / 64
하루 / 65
삶 / 66
힘 풀이 / 68
하일한(夏日閑) / 69
노래방 / 70
비아(非我) 탈출 / 72
왕관 / 74

벗하고 산다 / 75
과욕일까 / 76
눈썹 / 78
시(詩)하다 / 79
단독자행 / 80
낙화 / 82
목련화 그늘에서·1 / 84
목련화 그늘에서·2 / 86
운현궁 나들이 / 88
삼박자 / 89
주말 유감 / 90
채병 / 91
동의 / 92
하루·1 / 93
하루·2 / 94
발치(拔齒) / 96
출입처 / 98
어버이날에 / 100
한가 스승 삼아 / 101
휴식 단상 / 102
배우며 살아감이 / 104
철이 스승인 것을 / 106
다시 보지 맙시다 / 108
나이 / 110
부음 / 111

생각 / 112
구식으로 살기·1 / 114
구식으로 살기·2 / 116
구식으로 살기·3 / 118
구식으로 살기·4 / 120
구식으로 살기·5 / 122
구식으로 살기·6 / 123
구식으로 살기·7 / 124
낙엽이었으면 / 126
분수 같아서 / 127
하루 시작 / 128
길 / 130
손톱을 깎으며 / 131
스킨 반란 / 132
고향 / 133

제1부
근황시편

근황시편 · 1

살아있다는 것
건강하게 살아간다는 것
건강하게 살면서 즐기며
할 일이 있다는 것
기쁨과 함께 보람으로 알고
보람과 함께 선 편에 선다는 것

건강하게 살고
건강해 일할 수 있고
일해 기쁨으로 안다면
더 바라 무얼 하겠으며
더 바랄 것이 없으면
그게 행복한 삶 아닐까

바람과 함께 하는 삶
맞닿을 수 있게 노력하는 삶
그런 삶에의 충실로
하루하루 무탈하게 살아가는 일
그런 일에 부끄러움이 없는
안분지족을 나는 사랑한다

근황시편 · 2

봄 · 가을 두 철 앓는 비염앓이
재채기 콧물은 병이 아니다
자아방아기전의 생리현상이다

코가 막히면 뚫기 위해 약으로 비공을 넓히는데
재채기는 비벽을 자극해 콧물을 흘리게 하고
콧물은 코를 소독해 숨통을 틔워준다

알레르기 비염엔 치료법이 없어
그때그때 증상을 완화시키는
투약이 있을 뿐이다

해마다 봄 · 가을 환절기 때면 비염앓이다
그때마다 육신은 방어기제를 동원
H 재채기로 콧물이 코를 소독해 준다

꽃 피는 봄이면 꽃가루 알레르기로
형벌의 계절이 되고, 가을도 같은 소이로
천형의 계절 못 면한다

여름・겨울엔 멀쩡하니
계절다운 계절에만 발병하는
비염앓이 수인이 된다

복을 타고나지 못했음이다
이비인후과 원장은 그러려니 하고 살라 한다
이런 염비, 말이여 소리여

그렇구나, 치료불가라니 천벌 아니던가
그러려니 하고 살밖에
H H H, 콧물 닦아내며

근황시편 · 3

조심한다고 하는 데도 깜박한다
핸드폰을 놓고 왔다
특별히 걸려 올 전화가 없음이고
걸려 와 봤자 그렇고 그런 전화다
그런가 하면 딱히 해야 할 전화 또한 없다
허니 별 필요가 없음이고
필요가 없으니 관심 밖으로 내어 던져진 셈이다

전화기뿐이겠는가
인간도 쓸모없게 되면 피투되기 마련이다
일종의 아웃이고 열외다
허니 전화인들 걸려 오겠으며
걸어야 할 일 또한 있겠는가
피투가 내어 던져짐 아니던가
관심 밖으로 던져지면 존재무가 된다

존재무는 존재의 필연성 상실이고
필연성 상실은 우연성이 된다
존재할 이유를 상실했음이니
존재가 허무일 수밖에 없게 된다

무가 수반하는 허무
종일 핸드폰이 울리지 않는 소이와
무의 함수가 다르지 않음이다

근황시편 · 4

꽃 하면
연발성 재채기
알레르기비염의 특허품이다

사시(斜視)의 피사체가 되는 일도
딱하지만
기피해야 하는 일 또한 딱하다

에취
재채기가 자랑은 아니지만
추할 것도 없다
딴은 꽃가루가 비강을 자극해 콧물로
이를 닦아내기 위한 창조주가 준 천부의
자아방어기전이니 천벌쯤 될 듯싶다

꽃 앞에 하면 에취
송홧가루 앞에 해도 에취
먼지 뒤집어써도 에취

H하면 떠오르는 것이 희망이니

행복이니 하는 영어 단어인데
내겐 아니다 죽을 지경의 탄성 하이고다

꽃의 계절
축복의 계절 봄맞이가 이러하니
어찌 살맛이나 나겠으며 신명인들 있겠는가
치료불가 알레르기비염이
천형이 아닌지 싶어
재채기 콧물로 주접을 떨어본다

근황시편 · 5

요즘 이틀엔 한 번꼴로
손전화를 두고 내려온다
그럴 때마다 "늙었구나"를 되뇐다
'늙었구나' 뇌는 말 속엔
깜박증이 도졌구나가 들어있다
왜? 잦을까? 곰곰 생각해본다

깜박증인 건 맞는데
요즘 내겐 전화가 필요 없으리만큼
걸려 오는 전화도 특별히 걸 전화도 없다
오는 전화는 하루에 한두 번 귀찮은 전화이고
거는 전화는 자식들에게 궁금증 풀기 위해
한두 번, 업무상 전화는 며칠에 한 번꼴이다

허니 전화가 거의 필요 없다
늙어 받을 곳도 할 곳도 없으니 자연폐기 수준
필요존재에서 피투 됐음 아니던가
이는 내 인생이 폐기수준이란 말과 같게 된다
탓할 것 없을 것이 늙으면 그러려니 하고
분수껏 사는 것이 주어진 삶이어서

근황시편 · 6

연 1주째 출근하면서
손전화를 두고 왔다
유일한 소통의 통로인 손전화를

독거의 삶은 단절된
단독자의 삶이다
소이로 통로가 막혔거나 끊긴

유일의 통로는 손전화
그것도 송신기능보다 수신용
그나마 걸려오는 전화도 없다

문제는 전화가 아닌 깜박증
좋게 말해 깜박증이지
유식하게 학명으론 알츠하이머

망구에 어찌 정상이기를 바라겠는가
늙어도 곱게 늙고 싶었는데
깜박증이라니 그게 원통하다

근황시편 · 7
– 아내의 3주기에

아내 간 지 3년
지난 1천여 일을 지탱해 온 것은
8할은 그리움이었고
남은 2할은 그리움을 여과
형상으로 재구성하는 일이었다

하루의 쉬임도 거름도 없이
지속할 수 있었던 것은
8할은 고분지통이었고
남은 2할은 고분지통을 여과
형상으로 재구성하는 일이었다

주어진 하루하루는
내게 주어진 노동시간이었고
노동은
2편의 시와 풍시조 10여 편을
일당으로 챙기는 작업이었다

노동에의 충실은 내 삶에의 보람이었고
삶에 돌진할 수 있는 에너지였다

그리고 에너지의 연소는
스스로 즐기며 하는 일에의
지속성을 회전시키는 모터였다

천일을 그러했듯이
앞으로도 천일을 주어질지는
높은 분만이 알고 있는 미지수다
그 미지수에의 충실을
남은 삶에의 봉사로 알고 살아가고 싶다

근황시편 · 8

요즘 들어
고착될 이만큼 잦은 깜박증
하나가 있다
핸드폰 두고 오기다

단절된 독거의 삶
유일한 소통의 통로는 전화뿐이다
전화 없으면 아무것도 할 수 없는
막막한 절간의 울타리 속에 갇히게 된다

허긴 전화할 일도 없고 걸려올 일도 없다
어쩌다 지인이나 제자들이 걸어오는 전화 외엔
나 또한 딱히 전화할 일이 없다
일테면 전화가 필요 없다는 뜻이 된다

그만큼 행동반경과 생활이 축소지향이란 뜻
꼭 필요했으면 어찌 두고 오고 잊고 오겠는가
전화 없이 살 수 있다면 소통 없는 삶이다
잦은 깜박증의 소이가 이러하다

잦은 깜박증에 연발하느니 '빌어먹을'
빌어먹을래도 소통은 돼야
이리 깜박증 잦으면 빌어먹을밖에
말이 씨나 되지 않을지

근황시편 · 9

이틀이 멀다 하고
핸드폰을 두고 온다
가지고 와봤자
전화할 일 없고
받을 일 또한 없다
허니 관심밖
챙기고 말고도 없다

깜박 잊고 올 때마다
내뱉는 한마디
"늙으면 어죽"은
늙으면 죽어야 한다는 '죽어'의 반어다
늙으면 전화도 쓸모없음이다
'죽어'를 어순만 바꾸었는데
틀린 말 아닐 듯싶다

근황시편 · 10

'늙으면 어죽' 했더니
듣고 있던 딸애가
"아빠 어죽 잡수시고 싶으세요"

"아니다, 그 반대다"
'반대면?' '죽어?'

'아빠'
딸애가 꽥 소리를 질렀다

근황시편 · 11

하루종일 대화가 없었으니
이러다 목소리마저 퇴화하지 않을지 싶다
허기사 쓸데없는 말 나누며 헛소리로
에너지 소모할 일 없으니 다행일 듯싶기도 하다

어지간히 길들여지고 익숙해졌으니
불편하다거나 외롭다거나 하는
사치는 떨쳐버릴 수 있어 거추장스럽지 않다
어찌 다행 아니겠는가

말은 안 해도 조용히 있는 시간
놀려본 적이 없다
나름의 생각들 방목시키기도 하고
거두기도 해서 살찌게 사육한다

울타리는 필요없다
버리지 않았으니 도망칠 일 없고
도망치지 않으니 단속할 일도 없어
방목에도 수고스러움이 없다

독거의 외로움 달래준 식솔은
잡사(雜思)들이다
옛 고승 담경석점두(談經石點頭) 했던데
잡사들 키우고 가르치는 재미도 없지 않다

근황시편 · 12

많이 늙었나 보다
뒤돌아볼 만큼 앞길이
얼마 남지 않았음인지
늙으면 추억을 먹고 산다더니 그래선지
요즘 뒤돌아보는 시간이 늘었다

고달팠던 생들이 컷과 컷으로 이어지면서
낡은 필름으로 돌아간다
유년 · 추억 · 사랑 같은
자랑할 것도, 슬퍼한다거나
부끄러워할 것도 없는 지워버릴 수 없는 것들

고향은 가난했으나 정으론 부자마을이었고
남루한 삶들이었으나 소박함이
때 묻은 화려함보다 깨끗했던 마을
동명이 학의동이었던 소이로 높고 멀리 나는 꿈
학 한 마리 가슴에 품어 길렀다

학의 날개에 실어보낸 추억 나들이
돌아와 풀어보는 노독은 감미롭다

지나가 버린 생활을 즐기는 것은
인생을 두 번 사는 것이라 했던가
내 눈썹과 함께 자란 추억을 나는 잘라내지 못한다

근황시편 · 13

제자 녀석이 전화를 해놓고
울먹였다
소이를 물었더니 전화를 제대로 못 받을지
싶었는데 쨍쨍한 목소리가 충격을 주었단다
시쳇말로 안도의 한숨이 안도의 눈물이 된 셈이다

바꾸어 풀어보면
전화하기에 부담이 된다는 뜻과
건강 여부가 두려움이 된다는 뜻이기도 하다
건강하지 못한 암이나 치매 같은
것에서 체험해야할 충격이 대상이란 뜻이다

그럴밖에 망구에게 잘못 전화했다가
와병 중이면 난감함이 어찌 부담되지 않겠는가
폐품차원의 기피대상쯤이 됐으니
대부로 알고 있는 제자 처지론 두려울 법도 하고
그런 제자 두었으니 행복에 값할 듯도 싶다

그렇구나
아직은 폐품 면했으니 피차 다행이다만

앓아눕게 되면 자식들이라고 다르겠는가
오래 살기 바라지 않으나 건강했으면 싶다
전화의 마지막 '아버지'란 한마디가 귀에 걸렸다

근황시편 · 14

요즘 깜박증증
그중 잦은 것이 손전화 두고 오기다
깜박증이라기보다는
실용성이 없는 소이가 아닐지 싶다

전화할 일도 없지만
딱히 걸려 올 일 또한 없다
소이로 전화가 쓸모없음이고 쓸모가 없으니
정성 들여 챙긴 이유 또한 없음이다

전화가 폐품화 차원이 아닌
내 인생됨이 폐품 차원인 셈이다
이쯤이면 깜박증에 짜증낼 필요도
섭섭해할 필요도 없다

절간에 처박힌 처사에게
속세의 전화 따위가 필요 없듯이
마음에 절간 하나 지니고 살면서
핸드폰을 챙겨 뭘 하겠는가

근황시편 · 15

도진 깜박증
다 잡힌 줄 알았더니 아니었다
왜 화장실 불을 안 끄고 오는 걸까
깜박증이 아닐 듯싶다
머리의 항문인 입으로 배설한 구린내
막말·헛소리·잠꼬대·꿈꼬대
한술 더 떠 술꼬대까지
똥값 된 지 오래, 그 바람에
똥값 면한 것 있지
삼겹살 비곗덩이로, 바디로션으로 살찐
피부로, 내의로, 겉옷으로 외투까지 걸쳐
그중 깊은 곳에 감춘 것이 있거든
빛깔도 금빛, 값도 금값인
입으로 내지른 구린내에 똥
구린내 면해 순금값 됐어
그 귀한 금고가 화장실 아니던가
어찌 화장실 불을 꺼 도둑 들게 하겠는가
등불 하나 더 밝혀 대낮보다 밝게 해야지
화장실 소등 안 한 소이가 이러하거니
깜박증이 깨어있는 정상이었던 것을

근황시편 · 16

지인 있어 하는 말
"자넨 복인이야"
'복 있었으면 말년에 독거살이 하겠는가'
전화를 끊어 놓고 자문했다

복이란 게 끝없이 누리는 형복무강(亨福無疆)만
복이던가
하루하루 무탈에 하는 일 있어 즐겨하고
즐기는 일에 만족할 줄 알면 복 아니던가

독거란 것도 생각하기 나름
높은 분이 불러들인 소환이야
하늘의 뜻이니 좇을밖에
울타리치고 사는 공간 있으면 어찌 허물이겠는가

옆구리 시린 허 없었던들
어찌 그리움 있어 마른 가슴 적실 수 있었겠나
아직 자장할 수 있는 가슴 사랑할 줄 알고
세 끼 걱정 없으면 그 또한 복 아니던가

덕이야 분수 밖
대신 복 덕으로 알고 안분지족
분수껏 사는 일에 충실이면
그게 덕일 듯싶어 지인의 말 허사 아니었을 듯도

근황시편 · 17

더위와의 싸움은
여름나기의 필수과정이다
내 독거의 지하 창고에도 한 대의 에어컨
2층 사무 공간엔 세 대
3층 주거 공간에도 두 대의 에어컨이 있다

혼자 있을 때는 에어컨을 켜지 않는 게
에어컨 용법이다
침실용 소형 에어컨 외엔
에어컨의 전원은
작동을 멈춘 채 여름을 난다

더우면 더운 대로
시원하면 시원한 대로
선풍기 한 대가 유일의 내 피서법이다
좌우 회전기능이 마비된 30년 전의
고물이지만 시원하기가 신식 것 뺨치기다

선풍기 바람이 졸음에 감기면 졸고
할 일 없으면 마음 비우고 무료에 든다

다행히 떠오르는 생각 있어 재단에 성공하면
그런대로 즐겁고 없으면 그만이다

졸다 깨어 있다
게으를 것도 서두를 것도 없는
하루치의 무탈이 하루치의 행복한 삶이다
망구의 삶이 뭘 더 바라겠는가
하루치의 일당에 충실, 인위지덕 벗하며 산다

근황시편 · 18

사랑한다
고맙다
감사한다
나눌수록 덕담이 되고
덕담이 되어 오래오래 간직될
그 흔한 말을 어찌하여
마음과 가슴에만 담아두고 말하지 못했던가

말 못할 사연 따로 있었던 것도
말 중의 귀한 말 감춰뒀던 것도
그중 쉬운 말에 서툴렀던
익숙하지 못해 속으로 뇌었던 말
아끼다 말 못했던 후회가 이리 아픔이 될 줄이야
아픔이 되고 슬픔이 되고 슬픔이 되어
그리운 것이 될 줄이야

감추고 아꼈기에 남아있을 수 있는
되질해 버렸던들 남아있을 수가 없었을
서툰 인생 서툰 말의 서투름을 나는 사랑한다
서툴지 않았던들 무엇이 남아있어

그리움으로 소환될 수 있었겠는가
소중히 아껴 허비하지 않았던, 남아있는
사랑·고마움·감사에 감사하며 산다

근황시편 · 19

나름 봉사로 여기며 나들이한
일과를 접은 지 꽤 됐다
수고로움을 덜었으나
되레 짐되는 것들이 늘었다

운동 겸 커팅 겸 봉사 겸 일석삼조로 알고
보람으로 삼았던 역할 접기가
영어의 신세가 되니
외로움과의 싸움이 될 줄을 미처 몰랐다

출타할 일 없으니 운동 접게 되고
공원 들를 일 없으니 커팅할 일 없어지고
재단해 올 일 없으니 가봉도 할 일 없어
드디어 백수가 돼버렸다

종일 홀로 지켜야 하는 사무실이
되레 갇혀 사는 영어의 공간이 돼버렸다
늙고 병들면 눈먼 새도 안 앉는다 했던가
하물며 성한 새가 찾아오겠는가

콧바람도, 눈요기도, 발품도 접었으니
고립무원
불청객 쓸쓸함 달래 보내기가 힘에 겹다
편함이 수고로움만 못한 소이가 이러하다

근황시편 · 20

한나절을 일당에 충실하다 보면
하오의 한가는 풀리는 긴장으로
달콤하기 마련이다

늘 품고다닌 교도(交刀)를 꺼내들고
가버린 날의 한 컷 스냅으로 재단해 오기도 하고
쉼터인 독립공원을 생으로 커팅해 오기도 한다

그것으로 부족하면
독거의 삶에서 체험한 것 중
한 부분을 도려와 짜맞추기 유희를 한다

이리 맞춰보고 저리 엮어
조각보 맞추듯 짜깁기를 마치면
제대로 재구성 됐는지 흠결은 없는지 점검한다

그런대로 큰 불평 없어 한 편을 얻으면
택한다
하루치의 충실에 값하는 산실 일기가 이러하다

근황시편 · 21

대신했던 아내의 역할
4년여 만에 다시 딸애에게로 넘겼다
맡은 일이 없으니 홀가분하고
자유롭기가 이리 편할 수가 없다
다만 딸애에 대한 걱정이
한순도 떠나지 않는다, 부정일 듯싶다
아무 일도 해줄 수 없구나, 대신
내 일에 충실을 다짐하고 또 충실한다
내 나름으로 그날그날 해야 할 일을
일당이라 명명해 놓고 실천해 온 지 여러 해다
하루도 실행에 옮기지 않는 날이 없었으니
하루에의 충실이고 나 자신에게의 충실이며
딸애에 대한 미안함의 보상성 충실이기도 하다
하루하루 무탈 속에서 하루하루에의 충실
나름으론 분수껏 사는 일로 알고
안분지족으로 만족해한다
다행히 건강 뒷받침해주고 할 일 있어
일함을 복된 하루로 알고 불평 없이 즐기며 산다

근황시편 · 22

안빈낙도니
안분지족이니는 분수밖
욕심 없이 무탈하게 살면
그게 분수껏 사는 삶 아닐지

삶다운 삶 따로 있어
유별나게 떵떵거리고 살아야만
삶이던가
스스로 육신 거두면서
즐기면서 하는 일 있으면 그게 삶 아닐는지

어찌 욕심 없이 살 수 있겠는가마는
허욕 버릴 줄 알고
버림으로써 채울 수 있는 여유 지니고 살면
그게 삶 아닐지
그날그날을 후회없이 버리면서

공수래공수거라 했던가
마음에 절간 하나 지니고 살면서
단청에 걸린 구름 무심으로 보내고

풍경소리 바람에 띄워보내며
공수거, 지금 돌아가는 연습 중이다

근황시편 · 23

만나는 지인들
신수가 훤하다며 덕담을 건넸다
무슨 좋은 일이 있느냐고 묻기에
요즘처럼 신명난 일 언제 또
있었느냐고 되물었다

소이인즉
특검이다 구속이다 소환이다가
꼬인 심사를 풀어줘
얼굴 찡그릴 이유가 없었고
때맞춰 열독 가시니 찡그렸던 얼굴 펼밖에

끈적끈적 달라붙던 열욕 물러서고
심술 도지게 했던 특검 낭보
삽상한 바람 되어 땀 식혀주니
얼굴에 드리웠던 그늘 걷힐밖에
이를 신수로 읽어주니 싫지 않음도 한몫했을 듯

근황시편 · 24

내일로 펼쳐보는 미지보다
어제를 소환해다 펼쳐보는 재미로
하루하루를 산다

자아확대력의 상실이거나 정지면
불러들이느니 과거세밖에 더 있던가
자아협소화로 줄이고 살기 마련이다

이마로 불러보는 수고로움보다
가슴으로 불러 앞에 해보는
잘 길들여진 옛으로 사는 일

잡히지 않는 미지의 무지개보다
가슴에 인화돼 있는 기지 펼쳐
한 폭의 그림으로 진열해 보는 일

안빈낙도가 따로 있던가
분수껏 사는 일로 울타리 둘러치고 살면
그 안에 하루치의 행복도 함께 하는 것을

근황시편 · 25

"늙으면 다 그래"
농협카드를 분실했다고 짜증냈더니
지인이 하는 말이다

그래 늙으면 수반되는 노화현상
종종 깜박증에 필름이 끊기기도
그럴 때마다 스스로가 미워진다

스스로뿐이던가
두동치활(頭童齒闊)에 계피학발(鷄皮鶴髮)을
누가 좋아하겠는가

호 · 불호보다
죽지 않으면 낫지 않는다는
종신지질 망령까지

우아하게 늙어가는 것이 좋다고
그걸 모르며 그리 살고 싶지 않은 늙음도 있던가
우아(優雅)는커녕 우아(愚我) 못 면하는 것을

제2부
기타 시편

그늘의 시 · 1

그늘은 쉼터
나그네들이 쉬었다 가는
노독을 부려놓고
한자락 구름을 눈으로 보내면서
떠올려 보거니 한운야학(閑雲野鶴)

멋으로 음미해 본 여유 한가
맛으로 되씹어 보는
악목불음(惡木不蔭)은
그늘을 덕으로 읽었던
옛분들의 멋스러움이 아니었던가

공원 느티 그늘에 앉아
무심으로 바라기하던 구름
오늘 따라 유심으로 보내면서
하루치의 수고론 노독 학의 날개에 실어 보내고
그림자 앞장세워 그늘을 빠져나온다

그늘의 시 · 2

봄의 끝자락과
여름의 초입이 맞물려 드리운
6월은 그늘의 계절

나무의 부덕을 악목(惡木)으로 읽었던
옛분들 악목불음(惡木不蔭)은
이를 말해줌이었던 것을

달리 그늘 많은 나무를 덕성에 비유
선목유음(善木有蔭)이라 했던 소이
인간의 유덕(有德)에 빗대었음 아니던가

무위의 부덕 · 유덕을 어찌 인위로
읽을 수 있겠는가마는
그늘 드리워 과객 쉬어가게 함이나

방석으로 깔아 목로 삼아 노독 풀게 하고
잡사에서 벗어나 한가 벗하게 함이
어찌 덕 아니라 하겠는가

도심의 쉼터인 공원
나그네의 목마름을 적셔주고
땀방울을 식히게 함이 덕에 값하지 않겠는가

인생을 나그네라 했던가
날마다 과객이 되어 쉬어가는 공원 느티 그늘
오늘도 선목유음 그늘을 덕목으로 읽어본다

반란

시를 현재의 자기에 대한
인간의 반란이라 했던가
자아는 무엇이고 무엇에 대한 반대여야 하는가
너 자신을 알라 했던가
나는 나에 대해서 아는 것이 없다
소이로 반란할 것에 대해서도 알지 못한다
자아를 발견하는 일을 인생에 있어
제일 큰 일이라 하고
남을 아는 것은 지(知) 나를 아는 것은
명(明)이라 했던데 나는 지도 명도 없다

나와 자신뿐인가
인간에 대해서도 아는 것이 없으니
반란할 것 또한 알지 못한다
인간을 사회적 동물이니 이성적 동물이니
하는 것도, 신과 악마 사이에 부유하는
존재란 것에 대해서도 알지 못한다
알아도 반란하기가 어려운데
모르고서 어찌 반란인들 하겠는가
아는 것은 반란 없이는

기성·기존에의 극복 또한 없다는 것뿐이다

단 시에 대한 반란에 동의한다
시에 대한 반란은 사실에 대한 부정이고
사실에 대한 부정 없이는
새로운 것에 대한 긍정을 획득할 수 없다

사실의 왜곡·날조·은폐·위장만이
시에 대한 반란이란 걸 알고 있고
또 이에 충실하고 동의한다
시가 창조가 되기 위해서는 현재의 나에 대한
부정과 반란만이 나를 개조하고 개조만이
창조에 봉사할 수 있음을 알기 때문이다

한가시편

건널목의 신호등이
자동으로 켜졌다 꺼졌다 하듯
발걸음이 자동으로 그늘을 골라 딛는다
성하(盛夏)의 신호가 들어온 모양이다

공원의 비둘기들도
발걸음을 피하기보다
피하는 체 흉내를 되풀이
이리 피하고 저리 피하기를 반복한다

무위도 길들여지면 자동 되풀이
문명이란 것도 인위에 길들여지면
다람쥐 쳇바퀴 돌리듯
반복에 반복을 거듭하기 마련 아니던가

정신외상의 상동증(常同症)이나
음송증(吟誦症)도 되풀이가 원리
되풀이함으로써 긴장이나 초조
억압 같은 것을 해소하기 위한 정신 길들이기

김유신의 애마가 천관녀(天官女) 대문 앞에 서듯
자동으로 들어선 발걸음의
독립공원 등나무 그늘
자동연계 차단하며 한때의 한가 역행해 본다

안분자족(安分自足)

일당(日當)만이란 말을
입버릇처럼 한다
혹자 무슨 일을 하고
보수를 챙기느냐고 궁금해한다

헌데 아니다
하루치의 작업량을 정해놓고
정한 양에의 충실로 완수했을 때
일당을 다했다고 한다

일당으로 정한 하루치의 작업은
내게 있어 의무나 필수와 같은
강제성을 갖는다
이행하지 못하면 큰일이나 날 것처럼

답하면 이러하다
사무실로 출근하면 한 잔의 커피와 함께
일당에 착수한다
풍시조 15편, 일반시 2편을 챙기기 위한

이때만은 어떤 일도 관심을 끊고
일당에만 충실하기 위해 전념한다
일당이 끝나면 어지러움증과 함께
구속에서 벗어나는 해빙을 만끽한다

한가와 여유, 시쳇말로 자유시간이다
욕심한 것이 분한 밖의 짓이 아닌 인간이니
안빈낙도라 할까 더 바라지 않으니 부족함이 없고
부족함이 없으니 안분지족 아닌 안분자족이다

무(無)

하루치의 일당(日當)이 끝나고 나면
하얀 반일(半日)이 남는다
좋게 말해 한가와 여유
범박하게 말하면
할 일 없이 비워둔 여백의 유로부터의 탈출이다

비움으로써 채움이고자 하는 욕구마저 거세된
채우고자 함도 비우고자 함도
부질없음이 되어버리는 무
그림자에 불과한 행복
꿈에 불과한 명성이 안겨준 허무의식의 무

최고로 여겼던 가치가 보잘것없는 것이 되어버린
목표라는 것이 없어져 버린
왜냐고 하는 물음에 답할 수 없는
답할 수 없음이 허무라면
허무인들 답이 있겠는가

인생은 한갓 꿈과 같다고 노래한
이백의 허무의식

부생약몽도 그러한 것이 아니었을까
부질없음이구나
답이 없는 것이 무인 것을

※ 부생약몽(浮生若夢) : 인생이란 한갓 허무한 꿈과 같다는
　이백(李白)의 말.

하오의 시

서둘러 상오를 보내고 나면
딱히 할 일 없는 하오는
한가 그 자체다

한가란 게 일을 마치고 즐기는 휴식도 되고
얽힌 업고에서 잠시 몸을 빼보는 자유도
서둘 일 없는 느긋한 여유도 된다

휴식・자유・여유를 함께 즐길 수 있는 한가
유유자적이라고나 할까
마음으로 즐기는 충족이라고나 할까

무언가 유익한 일을 하기 위한 시간이어도 좋고
영혼의 자신을 개선하는 시간이어도 좋은
무엇인가를 꿈꾸었다 타보는 무지개

무료이기엔 무언갈 소환해 보고 싶고 소환하기엔
딱히 떠오르지 않는 허전하면서도 메울 수 없는
비워둠으로써 즐기는 하오

하루

그냥 보내기엔 서운하고
뭘 하자니 딱히 잡히는 일이 없다
빈둥대기엔 아깝고
아까움을 알면서도 그냥 보내려니
놓아지지 않는다

하루란 게 보내는 것이 아니라
무엇인가로 채워가는 것이라 했던가
하루를 축소된 일생이라 했던가
잠에서 깨어남을 탄생, 활동하는 낮은 청년기
하루를 보내고 자리에 누우면 죽음이라는

하루란 쓰기에 따라 채우기에 따라
발자국도 되고 시도 되고 탄생도 죽음도 된다
하루란 일생이란 도정에 찍고 가는 발자국이자
발자국이 머물렀다 간 한 점 콤마다

삶

절약이 미덕인가?
소비가 미덕인가?에 대한 답을
나는 갖고 있지 못하다
절약할 여유도 소비할 여유도
내 처지론 분수 밖이기 때문이다

분수 밖의 것 바라지 않고
분수껏 사는 삶을 안분지족이라 했던가
지족은 분수 밖이지만
안분의 지혜로 삶의 균형을
덕목으로 알고 살아간다

호의호식은 분수 밖
하루 세 끼 거르지 않고 사는 삶과
그날그날의 무탈에 감사하고 산다
하는 일 있고 더불어 좋아서 하는 일에의 충실이면
어찌 지족이 아니겠는가

더 바라 뭘 하겠는가
어떤 지인은 더 적극적이고도

진취적 삶을 주문하지만
할 수 있는 일에의 충실을 삶의 덕목으로 알고
덕목 벗하고 산다

힘 풀이

참는 것이 덕이라는
인지위덕(忍之爲德)에 동의하면서
역지위덕(力之爲德)
힘이 곧 덕이란 말에 동의를 구해본다

패권이 지배하는 시대
어찌하여 힘이 덕이 되겠는가
물었으니 답할밖에
힘이란 게 폭력 아닌 선에의 봉사면 덕됨일 수도

평화를 위한 힘의 개입
선에의 봉사를 위해 악에 감행한 힘
악을 물리치기 위해 내세우는 힘
전쟁과 폭력에 맞서기 위한 정의로운 힘

이런 대승적 힘이면 덕에 값함 아니던가
있는 힘 다해 선에 이바지하는
사회적으로 유용한 힘이면 덕과 같음일 듯
무력(無力)으로 무력(武力)을 헤아려 본다

하일한(夏日閑)

딸애에게 승용차를 사주고
매일 들른 세브란스 출입을 면했다
소이로 나들이라고 하는 압박감과
압박이 수반하는 긴장에서 풀려났다

풀려난 보상은
한일한(閑日閑) 한가를 안겨주었다
긴장의 이완은 여유를 수반했고
수반된 여유는 착상유희를 즐기는데 할애했다

착상은 상상을 개입시켰고
상상은 컨시트의 호소력을 체험케 했다
이동과 전환의 순발력
위트는 지적 광체를 제공했다

지인들은 쉬엄쉬엄 즐기라고 했지만
즐길 수 있는 것이 고작 부지런을 떠는 일
그 외에는 아무것도 즐길 수 있는 것이 없었다
한일한은 하루치의 행복을 안겨준 여가유희였다

노래방

마음이 울적하거나
옛 생각으로 그리움이라도 도지면
동네 노래방을 간다
주인아줌마는 단골인 나를
오빠처럼 맞고 나 또한 누이쯤으로 안다

기기를 만질 줄 모르니 평소 좋아한
가곡 몇 곡과 마음에 담고 있는
유행가 중 몇 곡을 주문한다
한 캔의 맥주로 목을 축이며
발성을 다듬고 울적을 토해낸다

선곡 책에는 없는
내가 작사 작곡한 「에덴 파라다이스」와
「나무 우거진」은 단골 레퍼토리
아내와 즐겨 합창했던 「옛동산에 올라」 등
몇 곡을 소화하면 도진 그리움도 가라앉는다

투사(投射)라 했던가
억압된 것을 토해내는 정신역동을

이열치열의 돈 안 드는 치유법을 동원
이우치우로 울증 달래고 나오면 카타르시스
몇 킬로쯤의 체중이 빠져나간 듯 가뿐해진다

비아(非我) 탈출

주말
다행스레 상오에 일당이 마무리되면
하오엔 조용한 나만의 시간이 된다
되어 하루의 마무리에 들어간다

어쩌면 자유가 아닌
되레 스스로를 칭칭 동여매는
스스로가 스스로를 자아 속에 가두는 자아회귀
구속이 될 수도 있기 때문이다

하루를 정리하고 나면
홀가분한 무료가 심심함으로 펼쳐진다
간을 맞춘 몇 가지를 동원해 보지만
마땅한 것이 없으면 더 심심해진다

한가이기엔 열 적고
여유이기엔 드러나지 않는 결핍이 느껴지는
자유롭기엔 얽매인 듯한
고리와 고리의 견고함이 걸고 있는 고리

완전한 자유란 구속력이 수반되기 마련
구속의 자각 없이 자유의 자각 있던가
내가 나로 돌아가는 한때의 자귀(自歸)도
비아(非我)의 탈출이 아닐지

왕관

매주 주말 하오면
자유와 속박의 두 울타리를
견고히 둘러친다

하나는 거미집처럼
나선형으로 칭칭 감긴 고독으로 울타리친
독거 공간이고
다른 하나는 모든 구속으로부터
해방된 상상력이 펼치는 허무의
무한 공간이다

한 평 남짓한 영토의 성주이자
지주(地主) 아닌
지주(蜘蛛)인 나와

가없는 무한 공간인 허무의 왕국
없음으로 무한이 되는 유한이 거부된 왕국
주말이면 나는 이 왕국의 왕관을 쓴다

벗하고 산다

두동치활(頭童齒闊)이라 했던가
민둥머리에 드무드문 빠진 이라 함이니
왕늙은이를 두고 한 말 아니던가
내 처지와 다르지 않다

늙고 병든 몸엔 눈먼 새도 안 앉는다는 옛분들 말씀
 늙은 주제에 어찌 찾아주고
 좋아해 주길 바라겠는가
 내 처지와 다르지 않음이다

늙은이는 매일 새로운 것을 알게 된다고?
구식스런 삶에 새로운 것이라면 무엇일까?
고마움·감사·사랑 새로 깨닫는 일
내 처지론 그리함일 듯싶다

처지란 게 형편 아니던가
두동치활에 병든 몸이면 고독한 신세
늙으면 의사와 벗하고 살라 했던가
키르케고르 선생 의사 삼아 벗하고 산다

과욕일까

할 일 두고 미루다 하지 못하면
후회를 안겨준다
서두름이 자랑은 아니지만
게으름보다는 자랑으로 알고
그때그때 행함을 택한다

자랑을 하기 위해서 살기보다
부끄러움이 없는 삶이기를 더 사랑한다
분수밖의 것 넘보지 않고
분수껏 사는 안분지족을
덕목으로 알고 정도로 택한다

내세울 만한 일은 내 몫이 아니다
내 차지 남겨두지 않거니와
잘난 사람들이 먼저 차지해 버리기 때문이다
젠체하는 체병에 걸리지 않고
못난체 건강한 병들지 않은 삶을 더 사랑한다

부끄러움이 없는 삶
병들지 않는 삶을 내 몫으로 알고

살아간다
하나 사랑하며 살기도 어려운 삶
둘을 사랑하면 분수박 과욕일까

눈썹

머리는 순백발인데
눈썹은 꼿꼿이 세운 먹돼지털이다
돼지란 놈의 습성이 욕심에
직진밖에 모름 아니던가

늙은 주제에 무얼 욕심하고
돌진할 일 있다고 먹돼지털로 곱게 빗어넘긴
백발을 배신한단 말인가

아서라
아미 사이에 걸고 사는 비단자락이면
더 바라 무얼 하겠는가
저돌이면 헛발질, 곱게 늙고 싶다

시(詩)하다

어느 시인
자신의 시를 '시하다' 했던데
읽지 않고도 읽히는 바 있어서
풀이하면 시가 어떻고는
분수 밖이고
한자가 빠진 것 같다는 생각으로 읽혀서

시하다에 인자 한자 끼워 넣어
시하다고 인정하는
시인인지?
시하다에 시자 한자 더 끼워 넣어
시시하다인지?
둘 다인지?

???에 대한 답은
시인의 몫이고
독자 몫은
모든 시가 시시하다
시시한 모든 시가 한국시다가
답이다

단독자행

자아협소화
하루하루 삶에의 충실로
삶을 버티어 간다

나아갈 내일이 차단됐음이요
자아확대력을 상실했음이다
소이로 그날그날에의 충실에 충실한다

젊었을 적에야 내일도 향해보고
치열하게 돌진도 해보고
무지개도 좇아 보았다

인간의 한계 자각과 함께
허무에 갇힌 영어가 되면
삶의 공간은 축소지향을 필연화한다

유한에의 도전을 접고
안주에의 현실 앞에
작아지기 마련인 개체

독거가 이러하다
동행 없는 단독자행
허무 위에 찍는 발자국과 함께

허무에의 도전은 필패다
고해에의 도강이 저어감만 있을 뿐
대안은 한사코 나아간 만큼
물러서기 때문이다

허무도 다르지 않아서
밀어낸 만큼 다가오기 마련
가도 없고 깊이도 알 수 없는 무한
대안이 아닌 당면으로 주어진 때문이다

무한에 에워싸인 유한
유한에의 자각이 무한에의 시작이 되는
무이면서 유가 되는 허무
허무에의 도전에
성공했다는 말은 들어보지 못했다

허무는 존재일 뿐
도전도 정복도 허용되지 않는
절대일 뿐
도전에의 필패 소이가 이러하다

낙화

꽃은 피었다
진다
피면서 꽃잎으로 한 번 개화하고
지면서 낙화로 또 한 번 개화한다
피고 짐을 넘어섬이다

넘어서면 무엇이 될까
꽃잎으로는 드러낼 수 없는
화혼
꽃잎은 화혼으로
낙화는 혼으로 돌아가는 귀천의 발자국 아닐까

어디로 돌아가느냐고 묻질랑 말라
혼으로 돌아갈 수 있는 곳
거기 말고 또 달리 있겠는가
피었다 지는 모든 꽃은 혼으로 돌아가고
육신은 땅에 묻힌다

인간이라고 다르랴
꽃다이 살다 생 마무리하면

혼으로 귀천하고 육신은
땅에 묻힌다
자연의 천리와 다르지 않음이다

지는 꽃잎 발자국 삼아 따라 걸으며
바라기 해본 먼 하늘
나그네도 지금 돌아가는 중이다
혼의 귀향
삶 꽃다웠다면 돌아갈 곳 거기밖에 더 있겠는가

목련화 그늘에서 · 1

두 자리 숫자의 기온
하늘 맑고
햇볕 빛나고
바람 삽상하고
고·고·고 어디로 가면 좋을까

직각으로 떨어지는 정오의 햇볕 피해
그늘 골라 딛는 육신의 정직을
나는 사랑한다
정신으로 헛발질하기 쉬운 행보
육신의 순수와 정직을 사랑한다

때 묻은 발길 머무르는 곳
목련화 그늘
여기저기 진 꽃잎들 흩어져 있다
때 묻지 않은 무위의 순수만이 찍을 수 있는
화혼이 찍고 간 발자국일 듯싶다

어디로 갔을까
순수로 찍을 수 있는 발자국이 찍고 간

발자국 그곳 말고 달리 또 있어 찍겠는가
대답 대신 가지 높은 꽃잎 손가락 삼아
가리키는 곳 귀천

돌아갈 수도 들어설 수도 없는
때 묻은 육신으로 서서 바라기하는
하늘 저쪽
귀천에의 천리를
목련화 지는 꽃잎 페이지 삼아 배운다

목련화 그늘에서 · 2

독립공원 정비사업으로
재개발 예정지가 된 폐가마을
2층 양옥집 뜰 목련 한 그루가
그리움 기름 삼아 하얀 백열등을 걸어
동네 초입을 훤희 밝히고 있다

주인 없는 집 폐허를 밝히고 싶음일까
한번 가곤 다시 오지 않는 옛 주인을 기다리며
길을 밝혀주기 위해서일까
그도 아니면 헤어진 그리움을
밝혀 걸고 기다림으로 서 있는 것일까

인정을 먹고 자란 보은을
안 때문은 아닐까
옷깃만 스쳐도 인연이라는
목련이 불교의 상징화인 연유 연기에
잇대인 인연과 맞닿아 있음은 아닐까

목련화 그늘에 앉아 발걸음 잠시 쉬면서
생정(生庭)의 등불로 불 밝힌

목련의 의미를
인정·보은·그리움과 같은 연기로 걸어
번역해 본다

운현궁 나들이

어느 날 나는 과객이 되어
운현궁을 지나왔다
지인이 물었다
무엇을 보고 왔느냐고?

있는 그대로는 눈으로 담아왔고
눈으로 담아올 수 없는 것은
귀로 담아왔다고 했다
뭐냐고? 물었다

대원군의 긴 담뱃대가 탕탕 두들기는
놋쇠 재떨이 소리였고 그 소리는
방울종이 되어 석파 석파하며 울렸고
울릴 때마다 난꽃이 되고 난잎이 되기도 했다

※ 석파(石坡) : 흥성대원군의 호.

삼박자

노랫가락으로 치면
3박자
성의(聖意)로 풀면
삼위일체

뭐냐고 물으셨는가
하나는 나들이할 수 있는 건강 있어 좋고
둘은 공원에 들러 한 컷 재단해 와서 좋고
셋째 가아에 도움 주니 좋고

좋고 좋고 좋고면
삼박자가 아니겠는가
이보다 더 좋은 것 있단들
바라지 않는 분수 밖

분수껏 살며
즐기며 하는 일 있어 충실이면
그게 삼박자이고
삼위일체 아닐지

주말 유감

주말로 미뤄두었던 일들
대충 끝내고 맛보는
풀리는 긴장이 안겨주는 한가의 여유

마음이 맑고 몸이 한가함을 일컫는
심청심한이나 유유자적은
옛분들이 즐기던 한중(閑中) 덕담이 아니던가

한가함을 부덕(不德)을 낳는다고도 하지만
고달픈 삶을 충전하기 위한
잠정적 휴식일 수도

삶이란 게
한가한 여유를 쟁취해 영위하기 위한
치열한 돌진이 아니던가

체병

늙으면 돌진해 나아갈
앞길이 없다
이름하여 유식하겐
자아협소화(自我狹小化)

젊어 혈기 넘쳐 내닫는
삶에의 치열한 돌진
이름하여 유식하게
자아확대력(自我擴大力)

늙어 나아갈 길 막히면
돌아서기 마련
이름하여 유식하게
퇴행(退行)

유년·고향·추억·사랑 같은
과거세의 무풍지대 벗하면
이름하여 유식하겐
두동치활(頭童齒闊)

동의

나는 생각한다, 그러므로 나는 존재한다
데카르트의 방법서설에 동의한다

까욱까욱
한아 한 마리가 귀동냥했는지 기척을 한다
그건 인간 당신네들 생각이고
내 생각으론 '나는 검으니까 존재한다'야

삼동의 대 설원
세상은 온통 설산·설목·설경의
백색지대
검은 존재의 유일은 한아 아니던가

까악까악에도 동의한다
현존이란 그 본질이 실존에 있지 않던가

하루 · 1

하루의 중심을 정오로 세워본다
누웠던 생각들이며
방목돼 한가롭던 생각들이
직립으로 일어서며 정점으로 모아진다
하루란 시간으론 진행이며
진행으론 경과다

후회는 없이 보람은 있게
하루를 잘 보내기 위해
주어진 하루에의 충실로
하루치의 의미를 엮어간다
주어진 일에 최선을 다하기
다해 보람되게 하기

하루란 흘러가는 것이 아닌
무엇인가로 채우는 충전에의 도전이다
도전을 통해 쟁취하는
생에의 필사적 투신이다
하루가 한 생의 간이역이 아닌
한생 자체가 되는 소이가 이러하다

하루 · 2

하루란 시간으로 보면
흘러감이고
공간으로 보면 머무름이다

한 생의 도정으로 보면
잠시 쉬었다 가는 간이역이고
전체로 보면 생 자체다

하루하루
일상이란 되질로 퍼내면서
삶이란 말로 채우는 충만이다

일력으로 뜯어내
순차에 따라 떠나보내고
맞기 위해 기다림이 되는 이별연습

하루는 생에의 치열한 돌진이고
나아감 만큼 밀어내는
시작과 끝이 맞물린 연속성

하루치의 삶과
하루치의 안녕과
하루치의 행복을 얻기 위한 쟁투장 하루

발치(拔齒)

이를 뽑았다
유식하게 발치(拔齒)
아름다운 이를 치여호서(齒如瓠犀)라 했던가
박씨같이 희고 가지런한 이를 이름이니
있는 말인 줄은 모르지만 복치(福齒)쯤일 듯싶다

옛 분들 말씀에 자식은 오복이 아니라도
이는 오복에 든다 안 했던가
그 흔한 놈의 복도 못 지니고 못 지켜
또 발치를 했으니
있는 복도 하나둘씩 솎아버린 셈이다

치활(齒闊)이라 했던가
듬성듬성 다 뽑아버리고 몇 개 안 남아
치간이 벌어졌음을 이름일 듯
들어온 복은 분수 밖 무망지복이고
있던 복도 다 빠져 나가버릴 참이다

억울하지만 어쩌겠는가
가늘게 먹고 가늘게 싸고

가늘게 살아갈밖에
몇 개 남은 것으로 연치(年齒) 삼아
하나둘씩 뽑아 다 뽑힌 날이 가는 날일 듯

출입처

신문기자 시절에도 가지지 못했던
출입처를 인생 말년에 갖게 됐다
유효기간이 없는 죽는 날까지
평생 출입처는
독립공원이다

기삿거리를 찾기 위해 가는 것이 아니고
자연을 훔치러 간다
훔치지 못하면 몰래 재단해 오거나
번역해 보기도 하고 해석해 보기도 하며
통역해 보기도 한다

마음에 드는 것이 있으면
취재해 온 것들에 언어의 옷을 입혀
박음질로 마무리한다
또 재단해온 대로 언어를 배열하거나
번역·통역한 대로 짜깁기를 하든지 재구성한다

어찌 생각하면 나아감의 스텝 같기도 하고
달리 보면 돌아가기 위한

예행연습의 발자국 찍기 같기도 하다
또 어찌 보면 날마다 찍는 피리어드
바퀴 삼아 굴리고 가는 것 같기도 하고

어버이날에

아버지는
이데올로기의 진구렁탕에
잘못 들어선 헛발질로
어둠 속에 숨어 사시다
어둠으로 가셨다

어머니는
어둠을 벗어버리기 위해
삶에의 필사적 투신으로
오직 자식들을 위해
우계의 계절을 우산 없이 사시다 가셨다

삭발모정(削髮母情)이라 했던가
갚을 길 없는 어머니의 은혜
은혜를 떠올릴 때마다
일깨우는 가슴의 불효
풍수지탄(風樹之嘆)을 탓할 뿐이다

선영 아버지 곁으로 어머니 모신 후
가 뵙지 못했다

효로 알고 모심이 다시 불효가 될 줄이야
행복의 요람이 어머니 품이었던 것을
망구에 돌아가 본다

한가 스승 삼아

정신적 활동이 정지된 한가는
일종의 죽음이며
산 채로 인간을 매장한 것 했데

며칠 연휴로 맞이한 한가
오랜만의 휴식으로 알았더니 죽음이자 매장이면
유유자적이 장례식이었던 것을

범죄를 일으키기 위해 찾은 사탄의 방문을
분수 밖 무망지복으로 알고
경복(景福)으로 누린 부끄러움이 크다

번거로움이 주어진 분수였던 것을
지혜가 있을 때는 번뇌가 없고 번뇌가 있을 때는
지혜가 없다 했던가, 한가 스승 삼아 이를 배운다

휴식 단상

정념·전심 없는
할 일 없는 휴식 속에 있는 것처럼
참을 수 없는 것은 없다고 했던가

참을 수 없음이 수반하는 허무·유기·불만
권태·의존·무기력·공허가 우울·비애
고뇌·회한이 절망을 수반한다 했던가

너무 긴 휴식은 고통과 권태가 되기도 하고
지나치게 많은 휴식은 지나치게 적은 휴식같이
피로하게도 하는 역리(逆理)의 소이가 되기도

휴식의 진정한 의미는 길고 짧음이 아니라
조건을 초월한 순수한 기쁨과 기쁨의 충족을
체험하게 하는 노동 뒤의 휴식

배우며 살아감이

고지이소자소명(叩之以小者小鳴)
종이란 게 크게 치면 크게 울리고
작게 치면 작게 울린다 함이니
스승은 종과 같다는 예기(禮記)의 말이다

종소리를 천국에 가장 가까운 음악이라 했던가
복음이 그러할 듯싶다
평생을 가르치는 일로 살아왔지만
나는 종을 쳐본 일이 없다

종소리 메아리 삼아
영혼이나 심금에 감기게 한 진리도
지식도 제대로 가르치지 못했기 때문이다
가르침보다 평생 배우며 살았기 때문이기도

종 지녔던들 멀리 울려 퍼지고
퍼져 돌에 새기면 금이 될만한
그런 메아리로 감기게 할 수 있었을까
내 묘비의 이마에 피가 돌게 할 수 있을까

스승, 가르치기보다 평생을
배우며 살아온 학생 면하지 못한 스승
찾아온 제자들에게 되레 감사하며
배움으로 살아감이 분수일 듯싶어서다

철이 스승인 것을

5월은 좋은 달
유식하겐 길월(吉月) 영월(令月)
국경일이나 기념할 만한 날 빼고
인간 덕목으로 지정된
어린이날, 어버이날, 스승의날 등이
5월에 들어있어 길월에 값한다

늙어서 슬하엔 어린이가 없으니
내가 어린이 못 면하고 산다
어찌 어버인들 계시겠는가
평생의 불효 풍수지탄(風樹之嘆)
일깨우며 산다
또 하나는 스승의날

그것도 젊었을 적 시절 좋을 때의 말
큰 가르침 베풀지 못했고
덕으로 스승의 길 걷지 못했으니
어찌 고지이소자소명인들 바라
울림으로 감기길 바라겠는가
인간의 덕 가르치지 못했음이니 탓도 없다

몇몇 고마운 제자들 있어 찾아주고
선물도 보내오고
촌지도 보내와 눈물나게 고마우나
고마움보다 부끄러움을 배우게 한다
가르쳤다고 다 스승일까, 가르침보다
배워야 할 것 깨닫다니 철이 스승인 것을

※ 고지이소자소명(叩之以小者小鳴) : 종을 크게 치면 크게
울리고 작게 치면 작게 울린다 함이니 스승을 두고 한 말.

다시 보지 맙시다

늙으면 암세포도 더디 자란다던데
독고(獨苦) 세포는 계절도 없이 웃자라니
성가스럽다
다행히 항암이나 레이저 동원 없이도
육체적 아픔 없으니 견딜만하다

늙으면 약과 벗하고
의사와 가까이 사귀라 했던가
병원에 들를 때마다 돌아서면서 하는 말
"다시 만나지 맙시다"
덕담 아니던가

지인 의사 있어 하는 말
"좋은 말만 한다고 좋은 의사 아니란" 말
새겨보면 쓴 약의 효험이 더 크듯
쓴 말이 약이 된다는 충고일 듯싶어
좋아한다

감언이설, 다디단 말 쓴 말만 못한 것이
달콤함의 모언엔 실보다 허가 많다 함이니

경계해야 할 이유 있음이다
"다시 보지 맙시다"란 덕담
병 없으면 만나지 않음이니 명약 아닌 명언 아니던가

나이

올해 춘추가 어찌 되었는지요?

백발로는 100세요
두동치활(頭童齒闊)로는 90세요
주름으로는 80세
철없기로는 70세다

해서 보이는 대로 느끼는 대로
골라잡으면 그것이 내 강년(康年)이다
인생의 처음 40년은 본문(本文)이고
나머지 30년은 주석(註釋)이라 했던가

본문으로도 주석으로도 헤아릴 수 없으니
100세 시대에의 충실이요
충실로써 값하지 못하는
견마년(犬馬年)을 어찌 앞세울 수 있겠는가

40 넘은 남자는 누구나 악당이라 했던데 악당을
두 번 지냈으니 천당이라도 기다리고 있을랑가

부음
― 원응순 교수의 타계 소식을 듣고

지기 원응순 교수의 타계 소식
하나둘씩 주변이 떠나는구나
생각 끝에 떠오르는 내 차례

어떻게 마무리를 해야 할까
자랑스레 내놓을 것은 분수밖
부끄러움이나 없었을지

부지런만 떨다
떠날 것을 생각하니
아무것도 한 것이 없다

앞으로 해야 할 것
마무리하고 싶을 뿐
기실 매일 가는 연습 중이다

미지생언지사(未知生焉知死)
깨달은 바 있다면 허무
허무로 돌아가는 것이 생 아닐지

생각

하루의 5할은 생각하기
나머지 5할은 생각 버리기다
생각하기 5할 중
2할은 가버린 날의 소환
나머지 3할은 나아가야 할 내일에 대한 생각
생각 버리기 5할 중
3할은 부질없는 생각
나머지 2할은 버리지 못하는 생각이다

고귀한 생각과 함께 있는 자는
결코 고독한 것이 아니라 했던가
나는 고독하다
소이로 따지면
고귀한 생각과 함께 있지 못했음이다
천려일득이라 했던가
내게도 그런 좋은 생각이
가닿을 생각 있었던가

고등시절 '고상한 이상과 평범한 삶'이란
워즈워드의 잠언을 책상에 세워두고

하루에도 몇 번씩을
외며 다짐했던 삶이
고귀한 생각과 실현의지 아니었을까
지금은 생각 버리기의 3할과 2할이
부질없는 생각
버리지 못한 생각인 것을

※ 천려일득(千慮一得) : 어리석은 사람도 많은 생각 가운데
  는 한 가지쯤 좋은 생각이 미칠 수 있다는 뜻.

구식으로 살기 · 1

두동치활(頭童齒闊)의 추한 주제에
시에 미치지 못하는 행·열 나열해 놓고
침이 마르도록 잘 쓴 체하는 쳇병
쥐뿔도 모르면서 끼어들어 안체하는
시론에도 못 미치는 시학 운운하는 얌체
열없어해야 할 부끄러운 짓 해놓고도
부끄러워할 줄 모르는 후안무치를
싫어하는 것 중 그중 싫어한다

싫어한 것들 치고 억세고 고집 세고
제멋대로 아닌 놈 없고
없는 주제에 있는 척해대는
순수는 아예 퇴화해버려 무차원이다
무에 더해 아는 것이라곤 없으니
무에 무가 겹친 전무다
해도 회사로 치면 높은자리 전무 큰소리도 높다
높은 시끄러운 소리도 싫다

시시한 시도 시시해 싫지만
시시한 줄도 모르고 자랑삼는 헛소리

잡소리 · 잠꼬대 · 꿈꼬대 · 술꼬대 같은
꼬대 꼬대 꼬꼬대도 싫다

좋아하는 것도 있느냐고? 있다
신식보다 구식을 좋아하고 좋아한 만큼
구식으로 살기를 더 좋아한다
허니 싫어하는 것들과 마주하고 살밖엔 없다

구식으로 살기 · 2

자랑은 아니다
그렇다고 부달시의(不達時宜)의
고집만도 아니다
길들여진 대로 익숙하게 살기가 더 편해서다

신식 문명의 이기가 없다
세탁기 대신 비누 빨래를 한다
때가 빠져나가는 쾌감이 좋아서다
도시가스도 없다 부탄가스가 더 편하다

난방시설도 석유보일러
실은 동파 방지용 보일러다
에어컨도 층층이 남아도나 혼자 있을 때는
켜지 않는다

이런 구식을 두고 자식들은 답답해하며
원시적 삶이라고 한다
은행만 해도 그렇다, 통장거래지만
가본 적이 없다, 대리인이 맡아서 한다

구식으로 살기에 불만이 없다
길들여진 대로 익숙하게 사는 것이 더 편하다
삶에 무슨 정답이 있다고
신식·구식으로 달리하고 살겠는가

구식으로 살기 · 3

지인들은 내 책상 위에 고물 못 면한
낡은 국어사전을 구식이라고 한다
지네들은 핸드폰 속에 사전을
입력하고 다닌다고 자랑한다

자랑은 그것만이 아니다
모든 지식의 보고나 된 것처럼
손전화에 의존해 산다
부럽지 않을 뿐 아니라 부끄럽지도 않다

신식이면 뭘하냐
구식이란 주춧돌 없이 세운 기둥
동퇴서비(東頹西圮) 되기 마련인 것을
국어사전 불간지서 삼아보면 안다

한 권의 책 속에 삶이
지혜가, 덕이, 치세가
신식으론 내딛지 못할 길이 있다는 것을
낡은 고물에서 배운다

일회용이 아닌
땜질용이 아닌 근원이고 근본인
한 권의 책에 묻은 때가 때가 아닌
삶을 밝혀주는 에너지 기름이라는 것을

구식으로 살기 · 4

내 핸드폰은
늙은이들이 좋아하는 값 싸고 낡고 단순한
왕구식이다

신식이라 해도 사용불가면
무슨 소용
고물로도 불편 없이 잘 산다

고물 핸드폰은 송신용이 아닌 수신용이다
사무실 비운 잦은 출타로 탁상용을 연결해 쓰는
이동 사무실이다

어디서고 용무를 볼 수 있고 영업도 할 수 있다
별로 전화할 일도 없으니 수신용으론
안성맞춤이다

문자 메시지를 한다거나 받는 일은 없다
수신용도 외엔 다른 기능은 필요 없기 때문
소이로 단순 기능이 내 분수와 맞아떨어진다

지인들은 구식이라며 신식으로 교환하라 한다
구식 주제에 신식이면 장애물밖에 더 되겠는가
왕구식과 왕구식 고물이 찰떡궁합인 소이다

구식으로 살기 · 5

구식으로 살지만 신식으로 사는 것도 있다
내 시만은 정서유희나 관념유희가 아닌
신식 시법으로 쓴다

정서로부터의 도피나 객관적 상관물의 발견, 폭
력적 결합, 낯설게 쓰기, 그런가 하면 컨시트니
양극화니, 편이니, 원인적 비유가 다 신식이다

신식은 내 시의 신앙이고 실천덕목이다
너무 신식이어서 알아보지 못할 지경이니
신식도 여간 신식이 아니다

시의 복수니 복수의 시니 하는 내 풍시조도
컨시트 · 양극화 · 편 · 골계 · 통징과 같은
신식 시법의 산물이니 구식과는 물건이 다르다

구식과 다르니 신식이고
신식을 신앙으로 시를 쓰니 신식이 맞다
시는 내 종교이고 신앙의 실천이다

구식으로 살기 · 6

시는 내게 있어 종교다
시학은 바이블이고
시법은 실천덕목이다

컨시트 · 펀 · 아이러니
양극화 · 원인적 비유 · 지적조작 등
현대시법은 내 신앙의 실천덕목이다

구식은 없다
실천덕목들은 하나같이
신식이다

구식으로 살면서
신식으로 시 쓰기
시가 구원인 소이가 이러하다

구식으로 살기 · 7

나는 컴맹이다
완벽하게 컴퓨터에 관한 한
까막눈이다
시키면 될 것을 굳이 내가 손을 대랴
싫어서였는데 컴맹 못 면한 걸 후회했다

컴퓨터는 현대의 창이다
열면 세계가, 문명이, 현실이
고스란히 재생된다
그 속에 문명의 삶이 있고
미래가 있고 과거가 또한 들어 있다

컴맹인 소이로 문명의 이기와 담을 쌓고 산다
일종의 문을 닫고 사는 셈인데
그렇다고 마음의 창까지 폐쇄된 것은 아니다
마음의 창은 눈이고 그 눈의 개폐기능으로
영혼이 드나든다

컴맹이란 게 구식으로 사는 소이지만
신식에 밀려 실종되어버린 영혼을

지키고 사는 일로 벗하고 산다
컴맹이 비록 신식엔 봉사이지만
구식으로 사는 개안의 지혜를 눈하고 산다

낙엽이었으면

나 한 잎
낙엽으로 돌아가거니
혼이 있다면 귀천할 것이요
없다면 땅에 묻히리라

어느 곳이면 어떠랴

하늘 땅 마음에 지니고 살았음이니
돌아가 쉬면 그뿐
바라기는 내 시로 찍을 발자국이
낙엽이었으면

분수 같아서

목하 세상은 체병시대
잘난체, 가진체, 힘있는 체
젠체하는 놈들 차지
어수룩하고 가지지 못하고 힘없는 놈들은
주눅에 눌려 기를 펴지 못하고
쪼그라진 채 못난이로 살아가야 하는
양극화시대

쳇병 면하고 살면 건강한 삶 아니던가
병들어 젠체하다 제 명에 죽지 못한
그런 얼간이들보다야
건강한 바보로 병 없이 사는 삶의 지혜가
더 삶다운 삶 아니던가
남루 못 벗고 기 펴지 못해도 체병장이 아닌
바보로 사는 바보의 삶이 분수 같아서

하루 시작

새벽이 열리면 하루 시작
제일 먼저 하는 일이
거울 앞에 서기다

계절도 없이 웃자라는 턱수렴 면도를 들이댄다
털을 깎아냄으로써 짐승스런
욕망을 잘라내기 위해서다

두 번째는 이 닦기
머리의 항문인 구린내를 닦아내
솔구이발 헛소리를 경계하기 위해서다

세 번째 차례가 세면이다
잘 보이기 위해서가 아니라 행여
추한 꼴불견 면하고자 함에서다

단 화장품은 바르지 않는다
스킨 크림 널려 있으나 게으른 탓
내 외면을 면하지 못한다

하루는 이렇게 시작되고
마음으로 무탈한 하루이길 빌며
아침을 서두른다

길

길은 셋인데
이마로 걷는 길 길 잃어 배회하고
가슴으로 걷는 길 상한 가슴엔 읊는
엘리지뿐이고
육신으로 걷는 길 육덕(肉德) 못 면해
정신적 삶 외면하고
길 두고도 걷지 못하는
쿠오바디스

정신 실종시대
마음은 못 면하는 카오스
정신적 구도 없이
길 잃고 방황하는 배가본드
낙엽이라도 지면 바람 따라 동행이라도
아직 철 일러 낙엽 없고
철 잃은 마음만 떠도는 방랑의
배가본드

손톱을 깎으며

손톱을 깎는다
터럭손이 아니어서 다행이라며
손톱을 깎는다

고양이란 놈이 잠속에서도 초원의
호랑이를 꿈꾸며 폈다 오무렸다 긴장을
되풀이하듯 세운 날의 손톱을 깎는다

손톱이 잘려나갈 때마다
야성이 다듬어지는 문명에의
감지가 싫지 않다

비단장갑으론 혁명은 이루어지지
않는다 했던가
손톱 없는 손으로 문명의 터전이 일궈지던가

손톱 묶음으로 야성의 욕망을 가두며
한사코 놓치는
움켜쥐지 못한 문명의 아쉬움을 달랜다

스킨 반란

환절기 맞아 까칠해진 피부 탓인지
면도에 거칠어진 피부가 상했다
지혈을 위해 명품 스킨을 발랐더니
향이 아니라 독을 품어냈다

스킨을 비롯, 거의 화장품을 쓰지 않은지
오래여선지
코를 스치는 역한 향이 비위를 거슬렀다
정치 역겨움의 비위난정보다 더했다

물신물신 썩어가는 물신시대 곰팡내와
머리의 항문인 입으로 토해내는 솔구이발의
구린내에 잘 길드여진 후각이
일격을 당했는지 역겨움을 달래지 못했다

화장품에 길들여지지 않는 피부에
명품 향수를 발랐으니 분수 밖이라며 저항했다
촉각 아닌 아직은 쓸만한 정신의 후각에
감사했다

고향

창밖 건너 저쪽
눈으로 인왕을 부르면
이마에 두른 구름 동행
산정이 다가온다

학은 마음으로 길러온
고향 학의동을 학으로 하고
구름은 인왕운으로 하면
한운야학(閑雲野鶴)이 아닐까

추석 명절 때문일까
외로움 때문일까
고향생각 인왕바라기하며
향수로 달래본다

어찌 고향생각뿐이겠으며
상자지향(桑梓之鄕)뿐이겠는가
살아가면 고향이라 했지만 잊고 살면서도
가슴엔 가향(家鄕) 학의동 품고 살았던 것을

근황시

2025년 11월 5일 인쇄
2025년 11월 15일 발행

지은이 / 박진환
발행인 / 박진환
펴낸곳 / 조선문학사
등록번호 / 1-2733
주소 / 03730 서울 서대문구 통일로 389(홍제동)
대표전화 / 02-730-2255
팩스 / 02-723-9373
E-mail / chosunmh2@daum.net

ISBN 979-11-6354-410-4

정가 10,000원

* 인지는 저자와 합의 하에 생략
* 잘못된 책은 서점에서 교환해 드립니다.